Copyright © Anna Göbel (ilustração)
Copyright © Ronaldo Fraga (texto)
Copyright desta edição © 2024 Editora Yellowfante

Todos os direitos reservados pela Editora Yellowfante. Nenhuma parte desta publicação poderá ser reproduzida, seja por meios mecânicos, eletrônicos, seja via cópia xerográfica, sem a autorização prévia da Editora.

EDIÇÃO GERAL
Sonia Junqueira

PROJETO GRÁFICO E DIAGRAMAÇÃO
Diogo Droschi

REVISÃO
Lívia Martins
Eduardo Soares

Dados Internacionais de Catalogação na Publicação (CIP)
(Câmara Brasileira do Livro, SP, Brasil)

Fraga, Ronaldo
  Uma festa de cores : memórias de um tecido brasileiro / Ronaldo Fraga ; ilustração Anna Göbel. -- 1. ed. -- Belo Horizonte, MG : Yellowfante, 2024.

  ISBN: 978-65-6065-080-0

  1. Literatura infantojuvenil I. Göbel, Anna. II. Título.

24-211991   CDD-028.5

Índices para catálogo sistemático:
1. Literatura infantil 028.5
2. Literatura infantojuvenil 028.5
Eliane de Freitas Leite - Bibliotecária - CRB 8/8415

A **YELLOWFANTE** É UMA EDITORA DO **GRUPO AUTÊNTICA**

Belo Horizonte
Rua Carlos Turner, 420
Silveira . 31140-520
Belo Horizonte . MG
Tel.: (55 31) 3465-4500

São Paulo
Av. Paulista, 2.073 . Conjunto Nacional
Horsa I . Salas 404-406 . Bela Vista
01311-940 . São Paulo . SP
Tel.: (55 11) 3034 4468

www.editorayellowfante.com.br
SAC: atendimentoleitor@grupoautentica.com.br

Anna Göbel & Ronaldo Fraga
apresentam

UMA FESTA de CORES

Memórias de um tecido brasileiro

Dedico esta história a minha madrinha Cenira, que tinha em sua casa o jardim mais chita do mundo!
Ronaldo

Dedico este livro a minha *Mamuschka*, que, entre infinidades, me ensinou também a amar as flores!
Anna

Aqui eu nasci.
Ganhei contornos
em **preto** e fui colorida
com **vermelho**,
amarelo e azul,
as chamadas
cores primárias.
E com as cores
que resultam da
mistura delas, as
secundárias.

Fui construída sobre o morim,
um tecido de trama irregular
e cheia de
imperfeições e aberturas.
Um paninho, mesmo,
fino e mole!

desenhadas e estampadas
sobre esse tecido,
escondiam
minha base frágil.

nas festas populares do Norte e do Nordeste brasileiros.

Nos áureos tempos da produção de tecidos de algodão no Brasil, entre a Primeira e a Segunda Guerra Mundial, minha família cresceu.

26

Nasceram meu irmão,
   com estampas
mais largas
   e flores maiores
que as minhas,

dançamos com o carimbó paraense, vestimos o bumba meu boi maranhense.

Nas festas de São João
de todo o Brasil,
sem falar da devoção
nas festas religiosas,
sempre reinei absoluta!
Ricos e pobres me usam.
Como vê, sempre
_fui democrática!

Os meios de transporte ultrarrápidos, a internet e outros avanços tecnológicos aproximaram povos e países.

Tudo ficou mais perto, mais próximo.

Com isso, meus primos
finos e modernos da Europa e
os parentes sintéticos da China
chegaram ao Brasil.

Pouco a pouco,
foram tomando
meu lugar no corpo,
nas casas
e na vida dos brasileiros...

dançar e falar a língua deste grande Brasil como eu faço e mostro nas minhas estampas.

Foto: Du Azevedo

Alemã nascida na Espanha e criada na Argentina, moro no Brasil desde 1995. Meus pais, tendo vivenciado tanta intolerância na Alemanha da Segunda Guerra Mundial, eram ávidos de conhecer outras culturas e viajaram mundo afora, com seus cinco filhos, pelos lugares mais remotos.

Desde pequena, as festas populares exerciam um fascínio especial sobre mim. Estudei e me dediquei às artes plásticas, expus minhas xilogravuras em muitos países, mas queria que minha arte se espalhasse mais. Por isso, me dediquei também aos livros. Ilustrei importantes autores brasileiros e tenho, publicados, quinze livros autorais, nos quais fiz o texto e a imagem.

A chita, com seu colorido, piscou pra mim logo que cheguei ao Brasil. Ela me dizia muito do jeito alegre desse povo que me recebeu de braços e coração abertos. Recentemente, usando papel, tesoura e cola, comecei a brincar com ela e marquei um encontro com Ronaldo Fraga, acreditando que ele pudesse me contar mais casos sobre a chita. Dito e feito: ele não parava de chitanear! Então, perguntei ali mesmo: "Você não quer dar palavras aos meus desenhos?". Assim fomos indo, palavra pra cá, desenho pra lá... até falarmos "Chega!" – porque não dava vontade de parar, não!

Espero que vocês se divirtam tanto quanto eu com esta nossa... chitaneada!

ANNA GÖBEL

Foto: Marcelo Soubia

    Estampas falam, cores suspiram... mas só a chita canta e dança.

    Minha alma de sertanejo entra em festa quando minhas retinas são invadidas pelas flores e cores desse tecido que, festivamente, ilustra a alma brasileira. Por isso, muito me honrou o convite feito por uma alemã (!) para dar palavras a suas lindas ilustrações, inspiradas na festa dessa sertaneja.

    Nasci em Belo Horizonte, cidade-metrópole com perfume de província. E é o Brasil rural de sua face província que me acalenta, me abraça e me chama pra festa. Assim como a chita.

Ronaldo Fraga

Este livro foi impresso em papel offset 120 g/m² na Formato Artes Gráficas.